MIES VAN DER ROHE
1886-1969

MIES VAN DER ROHE
1886-1969

Edited by Luiz Trigueiros • Texts by Fernando Vázquez with preface by Marcelo Carvalho Ferraz • Contemporary photos by Rui Morais de Sousa

blau

© Lisboa, 1999 - Editorial Blau, Lda., Av. Marquês de Tomar, 68, 4.º Esq., 1050-157 Lisboa, Portugal - Tel. 21 797 99 12, Fax 21 793 83 41 - www.cidadevirtual.pt/blau

PREFACE

The Mies van der Rohe exhibition, to be held in São Paulo at the 4th International Biennial of Architecture and later in Lisbon, has two main purposes: it is the first comprehensive exhibition produced and presented in Portuguese of the buildings of this great master in architecture; it also precedes the publication of the first complete monograph on Mies van der Rohe's built work in Portuguese by Editorial Blau, with texts by Yehuda Safran (Columbia) and unpublished contemporary photographs by Rui Morais de Sousa.

Not only will this provide an insight into the richness and complexity of Mies' work, it will also show how his designs, known by all from photographs of the period, have withstood the test of time and been incorporated into a new landscape – the built environment and the natural environment – as ultimately wished by any architect.

When taking stock of twentieth century architecture, it is both timely and essential that the work of this great master be disseminated further, the architect who first trod the path down which we all have followed. In these days of lightning fast communication and information overload, what better than to look anew at the classics?

São Paulo, October 1999.

Marcelo Carvalho Ferraz

Riehl House, Neubabelsberg (Potsdam), 1907.
Mies van der Rohe and Le Corbusier, Stuttgart, 1926.

PREFÁCIO

A exposição Mies van der Rohe, apresentada na 4.ª Bienal Internacional de Arquitetura de São Paulo e, posteriormente, em Lisboa, tem vários propósitos: é a primeira exposição abrangente sobre a obra construída deste grande mestre da arquitetura do século XX, produzida e apresentada em língua portuguesa e antecipa o lançamento da primeira monografia completa da obra construída de Mies van der Rohe, também em língua portuguesa, com textos de Yehuda Safran (Columbia University) e fotografias inéditas e atuais de Rui Morais de Sousa, a publicar pela Editorial Blau.

Dessa forma, poderemos ver não apenas a riqueza e complexidade do trabalho de Mies, mas também como seus projetos, tão conhecidos nas fotos de época, reagiram ao tempo e foram integradas a uma nova paisagem – construída, ou vegetal – desejo último de todo arquiteto.

No balanço inevitável da produção arquitetônica deste século, é oportuno e fundamental apresentar a obra deste mestre da arquitetura, que apontou rumos que, até hoje, trilhamos. Em tempos de rápida comunicação e excessiva e caótica oferta de informação, nada melhor do que um novo olhar aos clássicos.

São Paulo, Outubro de 1999.

Marcelo Carvalho Ferraz

Casa Riehl, Neubabelsberg (Potsdam), 1907.
Mies van der Rohe e Le Corbusier em Estugarda, 1926.

EUROPE, 1886-1936

Maria Ludwig Michael Mies Rohe, later known simply as Mies van der Rohe, one of the twentieth century's most important architects, was born on 27 March 1886 in the German city of Aachen. Young Ludwig, who was the youngest child of a master stonemason, lived in his home city until 1905 when he moved to Berlin in pursuit of a more promising future.

In the capital of the German Empire, he worked first as drawer for the architect and furniture designer Bruno Paul. His work so impressed Paul that he was given the opportunity of designing his first house for the philosopher Alois Riehl.

This period was a decisive one for Mies as it shaped his philosophical and aesthetic approach to architecture, an outlook which was to remain with him all his life. In 1908, Mies was offered a job working for Peter Behrens, the most important German architect of the period. There he stayed until 1913, the year in which he set up his own office.

During the first years of his career as a freelance architect, Mies received only a few commissions, his designs not yet exhibiting the formal characteristics of the avant-garde works which would later bring him fame.

At the end of the First World War he returned to Berlin where, in 1919, he met the artist Hans Richter, a revolutionary and anti-expressionist Dadaist who introduced him to the artistic circles of the Prussian capital and the likes of Theo van Doesburg, the founder of the Dutch group De Stijl.

EUROPA, 1886-1936

Na cidade alemã de Aachen, em 27 de março de 1886, nascia Maria Ludwig Michael Mies Rohe, que mais tarde seria conhecido como Mies van der Rohe, um dos mais importantes arquitetos do século XX. O jovem Ludwig, filho mais novo de um marmorista, morou na sua cidade natal até 1905, quando se trasladou para Berlim em busca de um futuro mais promissor.

Na capital do Império alemão, iniciou-se como desenhista trabalhando para Bruno Paul, arquiteto e decorador radicado em Berlim. Devido ao seu óptimo desempenho no escritório de Paul, foi-lhe dada a oportunidade de projetar sua primeira casa, para o filósofo Alois Riehl.

Esse encargo seria determinante para o aprofundamento de Mies nas questões filosóficas e estéticas que lhe acompanhariam a vida toda. Em 1908, ele conseguiu ingressar no escritório de Peter Behrens, o mais importante arquiteto alemão da época, para quem trabalhou até abrir o seu próprio escritório, em 1913.

Durante os primeiros anos de sua carreira como arquiteto independente, Mies recebeu poucas encomendas, e as casas que construiu não mostram as características formais das obras de vanguarda que lhe dariam fama posteriormente.

No final da Grande Guerra, voltou para Berlim, onde conheceu, em 1919, o artista Hans Richter, o revolucionário e antiexpressionista Dadá, que o introduziria nos círculos artísticos de vanguarda da capital prussiana, apresentando-lhe, entre outros, Theo van Doesburg, fundador do grupo holandês De Stijl.

PERLS / FUCHS HOUSE
Berlin-Zehlendorf, 1910-11
Addition: 1928

WERNER HOUSE
Berlin-Zehlendorf, 1912-13

A close relationship was forged between Van Doesburg and Mies during the first years of the nineteen-twenties, and Doesburg's anti-expressionist "preachings" certainly changed Mies' approach to architecture. He designed his most utopian works between 1921 and 1924, in particular his projects for glass skyscrapers and country houses. Together with his design for the Concrete Office Building and various articles and texts published in specialised magazines of the period, such as *G* (*Zeitschrift für Gestaltung*).

These projects form one of the most suggestive series of utopian – and manifest – designs created by an avant-garde architect at the beginning of the 1920's.

The work of defending and creating a new approach to architecture, including a new aesthetic and artistic awareness, led to the recognition of Mies as an important modern artist. He was invited by his peers to lecture at seminars or to join vanguard groups such as the *Deutscher Werkbund*. As a result of the numerous activities he embarked on, in 1925 he was appointed artistic director of the Weissenhofsiedlung (Housing Exhibition) held in Stuttgart. Mies managed to bring together the period's leading modernist architects to design an entire quarter, the various houses and apartments becoming the most important manifestation of this new approach and of the new style of modern European architecture.

Le Corbusier, Walter Gropious, Peter Behrens, Bruno Taut, Mart Stam, Ludwig Hilberseimer, and J. J. P. Oud were among the participants.

Mies was at the height of his career when, in 1928, he was commissioned by the German gov-

As relações entre Van Doesburg e Mies foram profundas durante os primeiros anos da década e, com certeza, as pregações antiexpressionistas do amigo mudaram o caminho da arquitetura de Mies, que realizou seus trabalhos mais utópicos entre 1921 e 1924, especialmente os projetos para arranha-céus de cristal e os protótipos para casas de campo. Esses projetos, além do Prédio para Escritórios de Concreto e de uma série de artigos e escritos publicados em revistas especializadas da época, como a *G* (*Zeitschrift für Gestaltung*), formam um dos conjuntos mais sugestivos de projetos utópicos – e manifestos – criados por um arquiteto de vanguarda no início da década de 1920.

O trabalho de defesa e criação de uma nova sensibilidade, incluindo uma nova orientação estética e artística, dão a Mies o *status* de importante artista moderno, reconhecido e procurado pelos seus pares para dar conferências, integrar grupos de vanguarda ou de classe, como, por exemplo, o *Deutscher Werkbund*. Essa atividade fervilhante e dedicada à nova causa permitiu-lhe ser o responsável pelo projeto para a Exposição da Vivenda, conhecida como Weissenhofsiedlung, em Stuttgart. Como diretor artístico da exposição, Mies conseguiu agregar os esforços dos mais reconhecidos arquitetos modernos da época na construção de um bairro inteiro, que se transformou na mais importante expressão da nova sensibilidade e do novo estilo da arquitetura moderna européia.

Participaram, entre outros, Le Corbusier, Walter Gropius, Peter Behrens, Bruno Taut, Mart Stam, Ludwig Hilberseimer e J. J. P. Oud.

Mies encontrava-se no auge da sua carreira profissional, em 1928, quando foi convidado pelo

ernment to design the German Pavilion for the International Exposition at Barcelona. Mies thus came to build one of modern architecture's most important works.

A fine example of the sophisticated and intriguing architecture of Mies' European period, the Pavilion was built with marble, chromed steel and glass.

The small building had a short life, however, as it was demolished in 1930. For many years all that remained of it were the original photographs. On the centenary of Mies' birth in 1986, recognising it for the work of art it was, the Spanish government decided to rebuild the pavilion, entirely respecting the original design.

The spanish architect Ignasí de Solà Morales was appointed to undertake the task.

Whilst designing the Pavilion, Mies simultaneously worked on the Tugendhat House, a modern, sumptuous and elegant palace, very much in line with the approach that produced the marvellous spaces of the Barcelona Pavilion. The house was also restored in 1986 and remains in good repair.

Mies designed various pieces of furniture for both these buildings, including the Barcelona and Tugendhat cantilevered steel chairs and the Brno chairs.

Together with the tubular furniture designed in 1927 for the Weissenhofsiedlung, they form the period's most elaborate and technologically advanced pieces of furniture designed by a modern architect. Thanks to their formal and technological quality, these designer pieces are still produced today.

governo alemão para projetar e construir o Pavilhão da Alemanha para a Exposição Internacional de Barcelona. Foi quando, Mies realizou a que é considerada uma das mais importantes obras da arquitetura moderna.

Exemplo superior da arquitetura sofisticada e intrigante do Mies europeu, o edifício foi construído em mármore, aço cromado e vidro.

No entanto, o pequeno prédio teve uma vida curta, sendo inteiramente demolido em 1930, restando dele, durante muitos anos, apenas as fotos tiradas à época. Devido à sua qualidade de *obra de arte*, em 1986, na ocasião do centenário do nascimento de Mies, as autoridades espanholas decidiram reconstruir o edifício, respeitando o projeto original em sua totalidade. O encargo da reconstrução foi oferecido ao arquiteto espanhol Ignasí de Solà Morales.

Paralelamente ao projeto para o Pavilhão, Mies desenvolveu, também, o da Casa Tugendhat.

A casa é um palácio moderno, luxuoso e elegante, totalmente relacionado com a sensibilidade que definiu os espaços do Pavilhão de Barcelona. Restaurada, também em 1986, encontra-se hoje em bom estado de conservação.

Complementando seu trabalho de projeto, Mies criou para essas obras vários móveis, como as poltronas Barcelona e Tugendhat, e as cadeiras Brno. Junto com a mobília tubular desenhada em 1927, para Weissenhof, essas peças formam o conjunto de móveis mais elaborado e tecnologicamente avançado, para a época, realizado por um arquiteto moderno. Esses móveis, pela sua qualidade formal e tecnológica, tornaram-se peças de *design* e são produzidos até hoje.

**WEISSENHOFSIEDLUNG
Stuttgart, 1925-27**

Die Form (Monatsschrift für Gestaltende Arbeit) 1927, No. 1

As a result of his architectural success, in 1930 Mies was appointed director of the Bauhaus – the recognised avant-garde school of design and architecture that was founded in 1919 by Walter Gropius.

Mies took over as director whilst the school was still in Dessau, although political and financial issues meant it was moved to Berlin in 1932.

With the coming to power of Adolf Hitler in 1933, and the subsequent spread of Nazi culture and ideals throughout Germany, Mies' position rapidly deteriorated.

With modern design a hopeless cause in the new totalitarian state, Mies announced the end of the Bauhaus and dedicated himself solely to work at his architecture office.

The situation of "modern" architects under the Nazis worsened from year to year, particularly from 1934 when Albert Speer became Hitler's chief architect, encouraging a return to heroic and ultranationalistic neo-classicism.

Mies was relegated to a secondary position and no longer received any official commissions or awards. His private designs also failed to live up to those that had made him famous as an architect and artist.

As a result Mies began to pay greater attention to the invitations received from the other side of the Atlantic, one of which was to take over the position of Director of the School of Architecture at Chicago's Armour Institute of Technology. He agreed almost immediately.

In 1937 he emigrated to the United States and in 1938 he officially became director of the School of Architecture.

Com o sucesso da sua arquitetura, vem o convite, em 1930, para ser diretor da Bauhaus – a reconhecida escola de Design e Arquitetura fundada em 1919 por Walter Gropius.

Mies assumiu a escola ainda em Dessau, porém questões políticas e financeiras determinaram o seu traslado para Berlim em 1932.

A posição de Mies van der Rohe ficou sumamente debilitada após 1933, quando Hitler assumiu o poder e os critérios culturais, ou estéticos, nazistas generalizam-se na Alemanha. Assim sendo, em 1933, ele já sem forças para enfrentar a pressão do novo aparato cultural, decidiu o fechamento da Escola e retirou-se para a prática estritamente profissional em seu escritório.

A situação dos arquitetos "modernos" durante o período de consolidação da estética nazista só piorou de ano em ano, especialmente a partir de 1934, quando Albert Speer assumiu o cargo de conselheiro arquitetônico de Hitler, encorajando o gosto por um neoclassicismo heróico e ultranacionalista.

Mies ficou relegado a uma posição secundária e não mais conseguiu receber encomendas oficiais ou ganhar concursos. Tampouco seus trabalhos particulares estavam à altura da fama conquistada como arquiteto e artista. Isso o levou a prestar mais atenção às solicitações para assumir cargos, ou serviços, que chegavam do outro lado do Atlântico. Por essa mesma altura recebeu o convite para assumir a direção do Departamento de Arquitetura do Armour Institute of Technology de Chicago, tendo aceitado quase imediatamente.

Em 1937 emigra para os Estados Unidos e assume oficialmente seu cargo de diretor na Escola de Arquitetura em 1938.

ESTERS HOUSE
Krefeld, 1927-30

Brick-built house of simple prismatic volume, very much in line with the modern approach adopted in works such as the Brick Country House and Wolf House in particular.

CASA ESTERS

Casa de tijolo, de volumetria prismática simples, que segue o caminho da modernidade traçado pelo arquiteto em obras como a Casa de Campo de Tijolo e principalmente na Casa Wolf.

All Esters House photos: Courtesy of the Kaiser Wilhelm Museum, the Museum Haus Lange and the Museum Haus Esters.
Todas as fotos da Casa Esters: Cortesia do Kaiser Wilhelm Museum, do Museum Haus Lange e do Museu Haus Esters.

LANGE HOUSE
Krefeld, 1927-30

Together with Esters House, this takes the design concepts adopted in Wolf House one step further. These Krefeld houses therefore represent an improvement of building details in Mies van der Rohe's work.

CASA LANGE

Junto com a Casa Esters, é uma elaboração dos conceitos de projeto desenvolvidos na Casa Wolf. As casas de Krefeld representam, assim, um aprimoramento dos detalhes construtivos na obra de Mies van der Rohe.

All Lange House photos: Courtesy of the Kaiser Wilhelm Museum, the Museum Haus Lange and the Museum Haus Esters.
Todas as fotos da Casa Lange: Cortesia do Kaiser Wilhelm Museum, do Museum Haus Lange e do Museu Haus Esters.

BARCELONA PAVILION
Barcelona, 1928-29
Rebuilt: 1986

In the words of Franz Schulze, "the Barcelona Pavilion is Mies' European masterpiece and possibly the culmination of his entire life's work".

The Pavilion is considered by critics and historians to be one of the most important examples of modern architecture.

The small marble and glass building embodies Mies' approach to architecture: "architecture as a spatial representation of the spirit of the age."

PAVILHÃO DE BARCELONA

Nas palavras de Franz Schulze, "o Pavilhão de Barcelona é a obra-prima de Mies na Europa e, possivelmente, a culminação do trabalho de toda a sua vida".

O Pavilhão é considerado por críticos e historiadores um dos mais importantes exemplos paradigmáticos da arquitetura moderna.

O pequeno edifício de mármore e vidro representa a materia-lização consumada das propostas arquitetônicas miesianas: "a arquitetura enquanto representação espacial do espírito da época."

TUGENDHAT HOUSE
Brno, 1928-30
Restored: 1986

Together with the Barcelona Pavilion, this is considered one of the masterpieces of Mies' European period.

With its rich use of materials such as marble, glass and chromed metal, this is a unique design for a modern house, using open spaces that integrate different functional units, articulating the single space by means of isolated constructive elements which define different functional areas.

CASA TUGENDHAT

Rica no uso de materiais nobres, como mármores, vidros e metais cromados, constitui uma proposta ímpar na conceituação do espaço da moradia moderna, pelo uso de espaços abertos integrando células funcionais diferenciadas e, inversamente, pela articulação do espaço único por meio de elementos construtivos isolados que determinam áreas funcionais diferenciadas.

ILLINOIS INSTITUTE OF TECHNOLOGY
IIT, Chicago, 1939-58

UNITED STATES, 1937-1969

Mies kicked off his work as an architect in the United States with the design of Resor House. Although it was never built, it marked the beginning of his American period and reveals an interior–exterior relationship which differs from that of his European designs.

The detachment of the entire volume from the ground indicated that he had done away with the use of the "podium" which had hitherto characterised much of his work, the Barcelona Pavilion for example. The elevation of the volume emphasises in a more dramatic and visible fashion the break of the link between the interior–exterior which had already been observed in Brno, with the formalisation of the large windows of the piano nobile that appear to "float" over the base course.

His second project, designed one year after being appointed Director of the School of Architecture at the Armour Institute of Technology, was the preliminary plan for the Institute's campus, which would occupy a large area on the south side of Chicago.

This was his first American urban design. For the first time he used a general grid comprised of 24x24 feet squares, this figure based on the size of a typical American classroom. The grid would serve as a support in terms of the size of the campus' buildings and open spaces.

Mies himself designed 35 buildings for the campus and built 20 of them, including the Alumni Memorial Hall, where Mies defines the campus' basic architectural theme, the Boiler Building, the

ESTADOS UNIDOS, 1937-1969

Nos Estados Unidos, Mies começou seu trabalho como arquiteto com o projeto para a Casa Resor, que, embora não tivesse sido construída, marcou o início da sua era americana e mostrou uma forma de relacionamento, entre interior e exterior, diferente daquela utilizada nos seus projetos europeus.

A separação entre o volume da caixa arquitetônica e a superfície do terreno indicava a superação do uso do "pódio", que identifica o tratamento volumétrico e de implantação de projetos como o de Barcelona. Essa elevação do corpo arquitetônico enfatizava, de maneira mais dramática e evidente, a quebra da ligação entre interior e exterior, que já tinha sido apontada em Brno, com a formalização das grandes janelas do *piano nobile*, que "flutuam" sobre o embasamento.

O seu segundo projeto, um ano após assumir a direção do Departamento de Arquitetura do Armour Institute of Technology, foi o anteprojeto do campus do Instituto, que ocuparia uma grande área no South Side de Chicago.

Trata-se do primeiro projeto americano de carácter urbanístico. Nele Mies utilizou, pela primeira vez, uma grelha geral, determinando uma quadrícula de 24x24 pés (7,30x7,30 m) – dimensão baseada nas medidas de uma sala de aula no padrão americano da época – que serviria de apoio para o dimensionamento de todas as construções e espaços abertos do campus.

O próprio Mies projetou 35 edifícios para o campus, construindo mais de 20 deles, entre os quais se destacam: o Alumni Memorial Hall, onde

Chapel and, the most well-known of all, the Architecture, City Planning and Design Building (Crown Hall).

In addition to his work at the IIT, Mies continued to design houses as he had done in Europe. In 1946, after meeting Dr. Edith Farnsworth, he accepted the invitation to design a country house on the banks of the river Fox.

The Farnsworth House was only completed in 1951 and, despite the controversy it gave rise to at the time, it is today considered the most delicate architectural creation of Mies' American period. It is a little jewel made of steel and glass which synthesises the architectural concepts his author had defended all his life: order and constructive clarity.

In tandem with his work as the professor and director at the Architecture Department and the design of the IIT campus, Mies undertook a good deal of work for the real estate developer Herbert Greenwald.

H. Greenwald invited him to design Mies' first large buildings in Chicago.

The first of these were the Promontory Apartments, a twenty-two storey building which was also the first skyscraper designed and built by Mies in America. The original design had a steel and glass façade but, due to the post-war lack of steel, Mies had to use reinforced concrete in the structure and to fill the structural voids with bricks and aluminium frames.

Nowadays the building has an old-fashioned air about it, but at that time its formal and structural conception, with columns of variable section, made a noise.

Mies estabelece a linguagem básica para a arquitetura do campus, o Prédio das Caldeiras, a Capela e, o mais conhecido deles, a sede da Escola de Arquitetura (Crown Hall).

Além do seu trabalho no IIT, Mies pretendia dar continuidade ao seu trabalho europeu no campo da arquitetura de moradias. Assim, em 1946, após conhecer a Dra. Edith Farnsworth, aceitou o encargo do projeto para uma casa de campo na margem do rio Fox. A casa só ficaria pronta em 1951 e, apesar das controvérsias que suscitou na época, é considerada, atualmente, a mais delicada criação da arquitetura de Mies do período americano. Uma pequena jóia de aço e vidro que resume os preceitos arquitetônicos que seu autor defendeu durante toda sua vida: ordem e clareza construtiva.

Em paralelo à sua atuação como professor e como diretor do Departamento de Arquitetura, bem como no trabalho para os projetos do campus universitário, Mies desenvolveu, ainda, uma intensa atividade profissional junto ao empreendedor imobiliário Herbert Greenwald, que o encarregou de seus primeiros prédios de grande escala em Chicago.

O primeiro deles foi o Edifício Promontory, que, com 22 andares, iniciou a construção em altura que Mies van der Rohe projectou e construiu na América. O projeto inicial possuía uma fachada de aço e vidro, porém a falta de aço no pós-guerra obrigou Mies à utlização de concreto armado na estrutura, tendo o fechamento dos vãos entre os elementos estruturais sido solucionado com alvenaria de tijolos e caixilharia de alumínio. O prédio, que hoje tem uma imagem deca-

METALS RESEARCH BUILDING FOR ARMOUR RESEARCH FOUNDATION
IIT Research Institute, Chicago, 1942-43
Addition: 1956-58

ALUMNI MEMORIAL HALL
IIT, Chicago, 1945-46

The famous 860-880 Lake Shore Drive Apartments were the second project Mies was commissioned to design by Greenwald, on which he used for the first time "I" mullions welded to the frame pillars, creating the classic glass and steel skyscraper image which would become synonymous throughout the world with the International Style: modern architecture, in other words, as a representation of the modern capitalist world.

The experience of designing and constructing large, popular buildings made Mies one of "America's" most important architects of the nineteen-fifties. It was for this reason that he was invited to design the Seagram office building in New York City.

Thus modern architecture's most representative and venerated glass and steel skyscraper was born – the Seagram Building, the most perfect specimen of Mies van der Rohe's high-rise constructions.

Today this building is considered the finest example of International Style skyscrapers and one of modern architecture's most important ever buildings.

When the Seagram Building was finished in 1958, 72-year-old Mies retired from his job at the Illinois Institute of Technology, leaving direction of the campus project, which he had begun in 1938, in the hands of Skidmore, Owings & Merrill.

His most celebrated building was still to appear, however – the New National Gallery in Berlin. The process of creating and designing the building was a slow one, as it was with everything Mies built, and had first begun, in fact, when he

dente, foi um alarde formal e estrutural para a época, com as suas colunas de secção variável.

Os famosos 860-880 Lake Shore Drive foram o segundo trabalho encomendado a Mies por Greenwald, e neles o arquiteto utilizou pela primeira vez os perfis "I" soldados aos montantes da caixilharia, criando a imagem do arranha-céu de cristal e aço que se difundiria pelo mundo como representante formal do Estilo Internacional, ou seja, a arquitetura moderna como representação do moderno mundo capitalista.

A experiência de projetar e construir grandes conjuntos arquitetônicos de sucesso e aceitação pública elevou Mies ao *status* de um dos mais importantes arquitetos "americanos" da década de 1950. Graças a isso, recebeu o encargo de projetar a sede das indústrias Seagram em Nova York.

Desta forma surgiu o mais representativo, e venerado, dos arranha-céus de aço e vidro da arquitetura moderna – o Edifício Seagram, que representa o mais alto degrau de aperfeiçoamento do estilo Mies van der Rohe na construção em altura. O prédio é considerado, ainda hoje, o paradigma dos arranha-céus do Estilo Internacional e um dos mais importantes exemplos da arquitetura moderna.

Em 1958, ano da finalização do Seagram, Mies, que na época contava com 72 anos, aposentou-se oficialmente do Illinois Institute of Technology, deixando, também, a direção do projeto do campus, iniciada em 1938, nas mãos do escritório Skidmore, Owings & Merrill.

Contudo, ainda estava por vir a mais decantada das suas construções – a *Neue Nationalgalerie*, de Berlim.

was working on another project long before being asked to design the National Gallery.

In 1957, José M. Bosch, the chairman of the Ron Bacardi drinks corporation, commissioned him to design the company's offices in Santiago de Cuba.

According to Franz Schulze, Mr. Bosch had been extremely impressed by the Architecture City Planning and Design Building (Crown Hall) and thought that a similar free plan, with low dividing screens, would be ideal for his company's offices.

Mies thus set off for Cuba to construct a building of steel and glass on the Caribbean island. When he arrived at the site, however, he realised that the saltpetre would badly affect the iron structures and opted to use reinforced concrete instead of steel for the structural system.

The Bacardi Offices building thus came into being, its roofing supported by peripheral columns based on the embryonic ideas adopted on the Farnsworth House design and, in particular, the design for the 50 by 50 House.

The design of this reticular structure, supported by equidistant peripheral points, was similar to the structural idea used at Crown Hall – the roof suspended from an upper beam which carries the thrust to external pillars and leaving free the internal space.

On the Bacardi project, however, as with other office buildings he had designed, Mies set the outside walls of the building further back, leaving the columns exposed and creating a large transition area between the interior and the exterior, rather like large eaves, so as to protect the inside

O processo de ideação e criação desse edifício foi lento, como tudo o que a Mies se refere, e, de fato, começou com um outro projeto seu, muito anterior ao convite para a realização do projeto do museu.

Em 1957, o então Presidente da empresa de bebidas Ron Bacardi, José M. Bosch, encomendou a Mies o projeto dos escritórios da firma em Santiago de Cuba.

Segundo Franz Schulze, o Sr. Bosch tinha ficado muito bem impressionado com o edifício do Crown Hall e considerava aquela planta livre, com divisórias baixas, ideal para o conceito de escritório que ele queria desenvolver na sua empresa. Mies embarcou então para Cuba, com a finalidade de implantar um projeto de aço e vidro na ilha caribenha. Chegado ao local, percebeu que o salitre afetaria negativamente as estruturas de ferro e substituiu o sistema construtivo de aço pelo de concreto armado.

Assim nasceu o prédio de Escritórios Bacardi, com uma cobertura apoiada em colunas periféricas, conforme às idéias embrionárias dos projetos para a Casa Farnsworth e principalmente daquele para a Casa 50 por 50 (pés).

A concepção dessa estrutura reticular, apoiada em pontos periféricos eqüidistantes, respondia perfeitamente bem à idéia estrutural desenvolvida no Crown Hall – uma viga superior da qual pendia o teto, transmitindo os esforços aos pilares externos e deixando livre o espaço interno.

No entanto, no projeto para a Bacardi, Mies utilizou o artifício de recuar a parede do prédio, como já fazia em seus edifícios de escritório, deixando aparentes as colunas e criando uma ampla área

CHEMISTRY BUILDING (WISHNICK HALL)
IIT, Chicago, 1945-46

PROMONTORY APARTMENTS
Chicago, Illinois, 1946-49

Associated Architects: Pace Associated;
Holsman, Holsman, Klekamp & Taylor
Enlargement: 1965-68

of the building against the heat of the fierce tropical sun.

The concrete structure of the Santiago de Cuba design served as a basis for the Schaefer Museum in Schweinfurt, although here Mies opted not to use concrete (which had been a means of adapting to the climate on the Caribbean island), instead using the material that he really appreciated – steel.

Besides changing the material, Mies also adapted the interior to its new function – exhibiting works of art – and included storage areas which were sunk into the floor.

As the museum had not yet been built when he undertook the design of the New National Gallery, Mies had in his mind, and in his office, a spatial and formal solution that was already at an advanced stage of development, one which was connected with his idea that architecture should be sufficiently pure so that it might represent his spiritual and philosophical ideas on the meaning of architecture.

The New National Gallery is therefore the result of a shaping process (*Gestaltung*) that lasted more than ten years, very much in line with Mies' slow, almost leisurely way of working which he believed was the only possible way to unveil the truth.

This was Mies van der Rohe's last building, the final design in an architectural career which spanned more than sixty years, leaving behind for future generations a collection of more than a hundred built works and over a hundred designs which have left an indelible mark on twentieth century architecture.

de transição, como um grande beiral, entre o exterior e o interior, que, no caso cubano, teria a finalidade de proteger o interior do sol tropical.

A estrutura de betão do projeto de Santiago de Cuba serviu de base para o Museu Schaefer, em Schweinfurt, mas, aqui, Mies recusou o concreto, que na ilha caribenha tinha uma finalidade de adaptação ao clima, e optou pelo material que ele realmente apreciava – o aço.

Junto com a modificação do material, Mies também adaptou o interior para a sua nova função, que consistia na exibição de obras de arte, incluindo áreas para acervo, localizadas num pavimento semienterrado.

Como esse prédio não foi construído, quando recebeu a encomenda da *Neue Nationalgalerie*, Mies tinha na sua cabeça, e em seu escritório, uma solução espacial e formal amplamente elaborada, comprometida com sua idéia de que a arquitetura deveria ser suficientemente depurada para representar a finalização de seus devaneios espirituais, e filosóficos, sobre o poder de significação da arquitetura.

Assim, a *Neue Nationalgalerie* resultou de um processo de conformação (*Gestaltung*) que levou mais de dez anos e que corresponde, de maneira conclusiva, à forma pausada de criação que Mies assumia como o único possível caminho no desvelamento da verdade.

Com essa obra, Mies van der Rohe terminou o seu trabalho de criação, que se prolongou por mais de sessenta anos, deixando para as gerações futuras um acervo com mais de cem obras construídas, que marcaram profundamente a arquitetura do nosso século.

FARNSWORTH HOUSE
Fox River, Plano, Illinois, 1946-51

This minimal building, designed as a country house for a single woman, was destined to become one of modern architecture's masterpieces. Together with the Barcelona Pavilion, Tugendhat House, the Seagram Building and the New National Gallery, it is one of the most important contributions towards the definition and consolidation of modern twentieth century architecture.

The house is a transparent glass box enclosing a unique space which is subdivided into functional areas by the positioning of a closed nucleus of services.

The support structure for the roof comprises exposed "H" sections which stand out from the glass box. The entire building appears to float as the floor is detached from the ground.

CASA FARNSWORTH

Esta pequena construção, projetada para servir como casa de campo a uma mulher solteira, transformou-se num dos grandes paradigmas da arquitetura moderna e é um dos mais importantes aportes à definição da linguagem arquitetônica do século XX.

Trata-se de uma caixa de vidro transparente, que fecha um espaço único subdividido em áreas funcionais, através do posicionamento de um núcleo fechado de serviços. A estrutura de sustentação das lajes são perfis "H" que se destacam da caixa envidraçada. O prédio todo flutua, já que a laje do piso fica separada do solo.

860-880 LAKE SHORE DRIVE APARTMENTS
Chicago, 1948-51
Associated Architects: Pace Associated;
Holsman, Holsman, Klekamp & Taylor

The Lake Shore Drive Apartments are perhaps the finest example of the high-rise glass and steel buildings designed by Mies. These two 26-storey towers were the materialisation of Mies' dream, which began with his utopian skyscraper designs in the 1920's.

For the first time the buildings are designed in such a way as to form an urban plaza set some distance back from the street, thus allowing passers-by to interact with the architecture.

APARTAMENTOS 860-880

O conjunto 860-880 representa a consolidação do paradigma do edifício em altura, de aço e vidro miesiano. Assim, estas duas torres, de 26 andares, constituíram a materialização do sonho de Mies, que começou com os projetos utópicos de arranha-céus nos anos 20.

Neste projeto, definiu-se pela primeira vez a implantação desfasada dos edifícios, para conseguir a abertura de uma praça urbana que obrigasse a um distanciamento da rua, permitindo ao pedestre interagir com a arquitetura.

S. R. CROWN HALL
IIT, Chicago, 1950-56

This is the largest interior space designed and built by Mies on the IIT campus, measuring 120 x 220 feet and reaching a height of 18 feet.

The structure of the building differs from the other buildings on the campus. In order to leave the interior free of columns, Mies created four steel beams from which the roof is suspended.

The exterior of the building is glazed from top to bottom. The building rises to reveal the windows on the ground floor where the classrooms are located.

ESCOLA DE ARQUITETURA (CROWN HALL)

Inclui o maior espaço interior projetado e construído por Mies no campus do IIT (37x71 m) com 5,60 m de altura.

O edifício possui uma estrutura diferenciada da dos outros prédios do campus, já que, para conseguir um espaço interno livre de colunas, Mies criou quatro vigas superiores de aço de onde se pendura a cobertura.

O fechamento perimetral do prédio é completamente envidraçado de piso a teto. O prédio eleva-se do piso meio nível, deixando aparecer as janelas do andar inferior, onde se localizam as salas de aula.

900 ESPLANADE APARTMENTS
Chicago, 1953-56

Associated Architects: Friedman, Alschuler, and Sincere

The 900 Esplanade Apartments, situated in the block next to the 860 apartments, have a concrete structure on the bottom floors and a metal structure on the top floors.

Like the 860 apartments, the building is notable for its black anodised aluminium and smoked glass façades – the famous curtain wall created by Mies and subsequently used in almost every later work.

APARTAMENTOS 900 ESPLANADE

Relativamente aos 860, o Esplanade, que se situa no quarteirão ao lado, é um prédio com estrutura de concreto nos andares baixos e metálico, nos superiores.

A pele deste edifício é constituída, da mesma maneira que nos 860, por uma estrutura pendurada do lado externo do prédio e acabada com alumínio anodizado preto e vidros fumê – o famoso "muro cortina" criado por Mies e utilizado, depois, em quase todas as suas obras posteriores.

COMMONWEALTH PROMENADE APARTMENTS
Chicago, 1953-56
Associated Architects: Friedman, Alschuler, and Sincere

Although Mies designed these buildings at the same time as the 900 Esplanade Apartments, the façades differ in that the aluminium which covers the structure here is naturally anodised and the glass is green-tinted.

APARTAMENTOS COMMONWEALTH PROMENADE

Mies projetou estes prédios simultaneamente aos 900 Esplanade, dotando-os contudo de diferenças formais de acabamento, já que o alumínio que aqui reveste a estrutura é anodizado natural e o vidro é colorido verde.

SEAGRAM BUILDING
New York, 1954-58
Associated Architect: Philip Johnson

This is the archetype of the glass skyscrapers of Mies' American period. With 39 floors and a glass and bronze exterior, the building exemplifies Mies' concept of towers as an aesthetic and functional solution for both housing and offices.

The use of different materials such as marble or bronze anodised aluminium to cover undesirable sections (windbreak walls, for example) is what makes the building a true work of art.

Its revolutionary ground plan, occupying only one third of the area of the site, left room for a plaza, which provides the distance necessary to properly view the building and retain the city's human dimension.

EDIFÍCIO SEAGRAM

É o protótipo dos arranha-céus de cristal do período americano. Nos seus 39 andares e pele de vidro bronze, o prédio conclui a proposta de Mies para as torres como solução estética e funcional para a moradia ou o trabalho.

A utilização de variados recursos de revestimento das partes indesejadas (como por exemplo nas paredes corta-vento), garante ao prédio o seu caráter significativo como obra de arte.

Por fim, a sua revolucionária implantação, ocupando apenas um terço da área, criou uma praça, que cria a distância necessária para a visualização da arquitetura e, também, para a humanização da cidade.

PAVILION APARTMENTS AND TOWN HOUSES
Lafayette Park, Detroit, 1955-63
Town Planner: Ludwig Hilberseimer
Landscape Designer: Alfred Caldwell

This is a joint work by Hilberseimer and Mies which sought a new type of urban dwelling for the cities of the future.

Although like many similar buildings erected in the 1960's it was not a success, the design includes interesting solutions in terms of the construction and organisation of the private and public spaces, following on from the ideas introduced by Mies when he designed the Courtyard Houses in Germany in the thirties.

The Pavilion Building, like the later Lafayette Towers, shows an improvement in the details of the curtain wall façade and in the location of the air-conditioning systems.

APARTAMENTOS E CASAS UNIFAMILIARES

Resultado do trabalho de conjunto entre Hilberseimer e Mies para a construção do novo espaço urbano das cidades do futuro.

Malogrado, como os demais projetos similares dos anos 60, o conjunto oferece, porém, propostas interessantes de Mies para a implantação e organização dos espaços privados e públicos, na linha que ele já tinha apontado quando realizara as casas com pátio, na Alemanha dos anos 30.

O edifício Pavilion, assim como posteriormente as Torres Lafayette Park, representa o aprimoramento da caixilharia do "muro cortina" e na localização ideal dos sistemas de ar-condicionado.

FEDERAL CENTER
Chicago, 1959-1964/73

Associated Architects: C. F. Murphy Associated;
A. Epstein & Sons; Schmidt, Garden & Erickson

The Federal Center comprises three buildings
– a 42-storey office block, a 30-storey tower housing the Court of Justice, and a single-storey building housing the post office.

All three buildings have a metal and glass
structure with black anodised aluminium curtain
walls, the smoked bronze windows adding the
final touch to the traditional "reflecting box" typical of Mies' buildings during this period.

CONJUNTO FEDERAL CENTER

O conjunto é composto por três prédios – uma
torre de escritórios de 42 andares, uma torre de
30 andares, para o tribunal de justiça, e um prédio de andar único, para as dependências dos serviços do correio.

Todos com estrutura metálica e fechamento
exterior com muro cortina de alumínio anodizado
de cor preta.

Os vidros fumê bronze completam o aspecto
tradicional de caixa refletiva dos prédios de Mies
do período.

ONE CHARLES CENTER BUILDING
Baltimore, 1960-63

Consultant Architects: Emery Roth & Son;
Fisher, Nes & Campbell; Curtis & Davis;
Farkas & Barrun

The main concerns of the building's developers were that cost per square metre be kept as low as possible.

Mies therefore opted for a reinforced concrete structure with the same anodised aluminium façades he had used on the 900 Esplanade apartments. This was the first time Mies had designed an office building using this system.

As it proved so economical, he would use the system later on other similar designs in Canada.

EDIFÍCIO ONE CHARLES CENTER

O prédio foi pensado, por determinação dos investidores, para reduzir os custos por metro quadrado construído.

Mies utilizou uma estrutura de concreto armado, revestida com a mesma estrutura de alumínio anodizado que já tinha sido desenvolvido no 900 Esplanade, sendo, contudo, a primeira vez que ele projetava um prédio de escritórios com esse sistema.

Posteriormente, e graças aos resultados econômicos desta proposta, voltaria a utilizá-la em outras obras similares no Canadá.

2400 LAKEVIEW APARTMENTS
Chicago, 1960-63

Associated Architects: Greenberg & Finfer

This 28-storey reinforced concrete building has naturally anodised aluminium façades in the same vein as other buildings designed by Mies at the time.

Formally speaking the design is very similar to the Commonwealth Promenade apartments.

APARTAMENTOS 2400 LAKEVIEW

Prédio de 28 andares com estrutura de concreto armado, revestido de alumínio anodizado natural e com o mesmo estilo de outros projetos que Mies desenvolvia na mesma época.

Formalmente é bastante similar aos Commonwealth Promenade.

SOCIAL SERVICE ADMINISTRATION
Chicago University, Chicago, 1962-65

Three university buildings were designed by Mies between 1962 and 1965 – the Meredith Memorial Hall, the Science Center and this one.

All of them are variations of the same kind of construction – a metallic structure comprised of pillars and beams with a pre-determined layout, and an aluminium and glass curtain wall.

ADMINISTRAÇÃO DO SERVIÇO SOCIAL

Três prédios universitários foram projetados por Mies entre 1962 e 1965 – o Meredith Memorial Hall, o Science Center e este.

Os três são variações sobre o mesmo tipo de construção – estrutura metálica de pilares e vigas, distribuídos seguindo uma trama preestabelecida, e fechamento periférico com muro cortina de alumínio e vidro.

NEW NATIONAL GALLERY
Berlin, 1962-67

The *Neue Nationalgalerie* is the end result of a lengthy design and building process applied to a series of works beginning with the Bacardi Offices in Santiago de Cuba. It inspired the steel design of the Schaefer Museum and, after great efforts undertaken by Mies, culminated here in the New National Gallery, the last work of art of the great master.

NEUE NATIONALGALERIE

Este edifício surge na seqüência de uma depuração conceitual e construtiva aplicada a uma série de obras – iniciada com o projeto dos escritórios Bacardi, em Santiago de Cuba, fonte de inspiração para o projeto em aço do Museu Schaefer – que, após um grande trabalho de aprimoramento realizado pelo próprio Mies, resulta no edifício da *Neue Nationalgalerie*, última obra de arte do grande mestre.

DOMINION CENTRE
Toronto, 1963-69
Resident Architects: John B. Parkin Associates;
Bergman A. Harmann

This is a commercial design like the Chicago Federal Center, and comprises of a 56-storey tower, a 46-storey tower, and a single-storey pavilion housing a bank.

CONJUNTO DOMINION CENTRE

Conjunto comercial similar ao Federal Center de Chicago, composto por uma torre de 56 andares, outra de 46 e por um pavilhão de andar único, destinado a uma agência bancária.

WESTMOUNT PLAZA
Montreal, 1964-68
Resident Architects: Greenspoon, Freedlander, Plachta & Kryton

This is the largest urban project built by Mies and makes use of the same architectural solutions adopted on the Federal Center and the Dominion Centre.

The consummate language of Mies' architecture is evident in the enormous urban scale of the Canadian plaza and in the sophisticated use of open spaces.

The creation of interconnecting plazas between the buildings and the juxtaposition of buildings of different heights and proportions lends a formal and spatial coherence to the whole that ensures the human scale.

PRAÇA WESTMOUNT

É o maior conjunto urbano construído que Mies projetou recorrendo às propostas de implantação e de linguagem arquitetônica consagradas no Federal Center e no Dominion Centre.

A linguagem consumada da arquitetura de Mies surge imponente na escala urbana gigantesca da praça canadense e na sofisticada utilização dos espaços abertos.

A criação das praças de interligação entre os edifícios e a justaposição de prédios de diferentes altura e proporção dá ao conjunto uma coerência formal e espacial que garante a escala humana.

BROWN WING
Museum of Fine Arts, Houston, 1965-74

Brown Wing completes the general design for the enlargement of the museum that Mies began with the Cullinan Hall.

It is one of the few examples of the incorporation of Mies' architecture into an existing building.

ALA BROWN

A Ala Brown completa o projeto geral de ampliação das instalações deste Museu, que Mies começou com a construção do Cullinan Hall.

É um dos poucos exemplos da incorporação da arquitetura de Mies em construções já existentes.

HIGHRISE APARTMENTS – BUILDING No. 1
Nun's Island, Montreal, 1966-69
Resident Architect: Philip Bobrow

Designed as part of a development similar to Lafayette Park.

From a building point of view it is similar to the Promontory and Highfield buildings, with its reinforced concrete structure of variable section.

The windows are framed with anodised aluminium.

APARTAMENTOS HIGHRISE – EDIFÍCIO N.º 1

Foi projetado como parte de um investimento similar ao do Lafayette Park.

Construtivamente é bastante semelhante ao tipo utilizado nos Edifícios Promontory e Highfield, dispondo de uma estrutura em concreto armado de secção variável.

O fechamento dos vãos é executado com caixilharia de alumínio anodizado.

IBM REGIONAL OFFICE BUILDING
Chicago, 1966-69
Associated Architect: C. F. Murphy

Occupying 52 floors, this is Mies' technologically most advanced building. Here, for the first time, he used a double-glazed, heat insulated curtain wall.

IBM – SEDE REGIONAL

Com 52 andares, é o edifício tecnologicamente mais desenvolvido de Mies.

Utiliza, pela primeira vez, um "muro cortina" com vidros duplos e isolamento térmico.

111 EAST WACKER DRIVE BUILDING
Chicago, 1967-70

Mies designed the general plan for the Illinois Center as a means of gaining maximum benefit from the construction of high-rise buildings.

The 111 was the first building to be constructed in this development and is a typical Miesian building, its reinforced concrete structure covered with black anodised aluminium.

EDIFÍCIO 111 EAST WACKER DRIVE

Mies projetou o plano geral do Illinois Center como meio para obter as máximas vantagens na construção de prédios em altura.

O 111 foi o primeiro edifício a ser construído dentro deste empreendimento e é um típico edifício miesiano, com estrutura de concreto armado revestida de alumínio anodizado preto.

CHRONOLOGY

1886	(03/27) Maria Ludwig Michael Mies Rohe was born in Aachen, Germany.
1905	He moves to Berlin, Germany.
1908-11	He works in Berlin at Peter Behrens office.
1907	Riehl House, Berlin-Neubabelsberg, Germany.
1911	Perls (later Fuchs) House, Berlin-Zehlendorf, Germany.
1912	Kröller-Müller House project, The Hague, The Netherlands.
1912-13	Werner House, Berlin-Zehlendorf, Germany.
1913	He sets up his own office in Berlin, Germany.
1921	Friedrichstrasse Office Building project, Berlin, Germany.
1922	Concrete Office Building project. Glass skyscraper project.
1923	Brick Country House project.
1925-27	Wolf House, Guben, Germany (destroyed).
1925-27	Exhibition and Experimental Quarter Weissenhof, Stuttgart, Germany.
1926	Liebnecht-Luxenburg monument, Berlin-Friedrichsfelde, Germany (destroyed).
1926-27	Municipal Housing Apartments on the Afrikanerstrasse, Berlin, Germany.
1927-30	Esters House, Krefeld, Germany Lange House, Krefeld, Germany.
1928	Alexanderplatz urban remodelling project, Berlin, Germany.
1928-29	German Pavilion at the Barcelona International Exposition, Spain (demolished in 1930 and rebuilt in 1986).
1928-30	Tugendhat House, Brno, Slovakia (restored in 1986).
1930	Bauhaus School director, Dessau, Germany.
1931	Model-House at the Berliner Construction Exhibition, Berlin, Germany (demolished).
1932	Gericke House project, Berlin-Waansee, Germany. He moves Bauhaus School to Berlin, Germany.
1933	He closes the Berlin Bauhaus, Germany. Reichsbank project, Berlin, Germany.
1934	German Pavilion project for the 1935 Brussels World's Fair, Belgium. Courtyard houses project.
1935	Hubbe House project, Magdeburg, Germany. Ulrich House project, Krefeld, Germany.
1937	He emigrates to the United States of America.
1937-38	Resor House project, Jackson Hole, Wyoming, USA.
1938	Director of the School of Architecture at the Armour Institute of Technology, Chicago, USA.
1939-41	Campus Plan for the Illinois Institute of Technology, Chicago, USA.
1942	Museum for a Small City project.
1942-58	Design of IIT campus buildings (Metals Research, Library and Administration, Alumni Memorial Hall, Metallurgical and Chemical Engineering, Chemistry, Boiler Plant, Institute of Gas, Chapel, Association of American Railroads Administration, Mechanical Engineering, Carman Hall, Refectory, Cunningham Hall, Electrical Engineering and Physics, Association of American Railroads Laboratory, Enlargement of Metals Research building).
1946-51	Farnsworth House, Plano, Illinois, USA.
1946-49	Promontory Apartments, Chicago, USA.
1948-51	860-880 Lake Shore Drive Apartments, Chicago, USA.
1950-51	50 by 50 House project.
1950-56	Crown Hall, IIT campus, Chicago, USA.
1952-53	National Theatre project, Mannheim, Germany.
1953-54	Convention Hall project, Chicago, USA.
1953-56	900 Esplanade Apartments, Chicago, USA. Commonwealth Promenade Apartments, Chicago, USA.
1954	Cullinan Hall (enlargement) Museum of Fine Arts, Houston, USA.
1954-58	Seagram Building, New York, USA.
1957	Bacardi Office Building project, Santiago de Cuba, Cuba.
1957-62	USA Consulate Building project; São Paulo, Brazil.
1957-61	Bacardi Office Building, Mexico City, Mexico.
1958	Pavilion Apartments and Town Houses for Lafayette Park, Detroit, USA.
1959	Mies van der Rohe Exhibition, V Biennial of Art, São Paulo, Brazil.
1959-64	Federal Center (Justice Court, Federal Administration, and American post), Chicago, USA.
1960-61	Schaefer Museum project, Schweinfurt, Germany.
1960-63	One Charles Center, Baltimore, USA. Home Federal Savings and Loan Association, Des Moines, USA. Lafayette Towers Apartments, Detroit, USA. 2400 Lakeview Apartments, Chicago, USA.
1962-65	Meredith Memorial Hall, Drake University, Des Moines, USA. Science Center, Duquesne University, Pittsburgh, USA. Social Services Administration Building, University of Chicago, Chicago, USA.
1962-67	New National Gallery, Berlin, Germany. Mansion House Square project, London, England.
1963-69	Toronto-Dominion Centre, Toronto, Canada.
1964-68	Westmount Square, Montreal, Canada.
1965-74	Brown Wing, Museum of Fine Arts, Houston, USA.
1966-69	IBM Regional Office Building, Chicago, USA. Highrise Apartment Building, Nuns' Island, Montreal, Canada.
1967-69	111 East Wacker Drive, Chicago, USA.
1969	(08/17) Mies van der Rohe dies in Chicago.

CRONOLOGIA

1886   (27/03) Nasce Maria Ludwig Michael Mies Rohe em Aachen, Alemanha.

1905   Traslada-se para Berlim, Alemanha.

1908-11   Trabalha, em Berlim, no escritório de Peter Behrens.

1907   Casa Riehl, Berlim-Neubabelsberg, Alemanha.

1911   Casa Perls (depois Fuchs), Berlim-Zehlendorf, Alemanha.

1912   Projeto da Casa Kröller-Müller, Haia, Holanda.

1912-13   Casa Werner, Berlim-Zehlendorf, Alemanha.

1913   Abre seu próprio escritório em Berlim, Alemanha.

1921   Projeto do Edifício de Escritórios para a Friedrichstrasse, Berlim, Alemanha.

1922   Projeto do Edifício de Escritórios de Concreto. Projeto do Arranha-céu de Cristal.

1923   Projeto da Casa de Campo de Tijolo.

1925-27   Casa Wolf, Geben, Alemanha (destruída).

1925-27   Exposição e Bairro Experimental Weissenhof, Estugarda, Alemanha.

1926   Monumento Liebnecht-Luxenburg, Berlim-Friedrichsfelde, Alemanha (destruído).

1926-27   Conjunto de Apartamentos Populares na Afrikanischestrasse, Berlim, Alemanha.

1927-30   Casa Esters, Krefeld, Alemanha. Casa Lange, Krefeld, Alemanha.

1928   Projeto de Remodelação Urbana da Alexanderplatz, Berlim, Alemanha.

1928-29   Pavilhão Alemão para a Exposição Internacional de Barcelona, Espanha (demolido em 1930 e reconstruído em 1986).

1928-30   Casa Tugendhat, Brno, Eslováquia (restaurada em 1986).

1930   Diretor da Bauhaus, Dessau, Alemanha.

1931   Casa-Modelo na Exposição da Construção Berlinesa, Berlim, Alemanha (demolida).

1932   Projeto da Casa Gericke, Berlim-Waansee, Alemanha. Traslada a Bauhaus para Berlim, Alemanha.

1933   Fecha a Bauhaus de Berlim, Alemanha. Projeto do Reichsbank, Berlim, Alemanha.

1934   Projeto do Pavilhão Alemão, Feira Mundial de Bruxelas, Bélgica. Projetos de Casas com Pátio.

1935   Projeto da Casa Hubbe, Magdeburgo, Alemanha. Projeto da Casa Ulrich Lange, Krefeld, Alemanha.

1937   Imigra para os Estados Unidos da América do Norte.

1937-38   Projeto da Casa Resor, Jackson Hole, Wyoming, EUA.

1938   Diretor do Departamento de Arquitetura do Armour Institute of Technology, Chicago, EUA.

1939-41   Projeto do Campus do Illinois Institute of Technology, Chicago, EUA.

1942   Projeto do Museu para uma Cidade Pequena.

1942-58   Prédios para o Campus do IIT (Pesquisas em Metais, Biblioteca e Administração, Alumni Memorial Hall, Engenharia Química e Metalúrgica, Química, Caldeiras, Instituto do Gás, Capela, Associação das Ferrovias Americanas, Engenharia Mecânica, Carman Hall, Refeitório, Cunningham Hall, Engenharia Elétrica e Física, Laboratório para a Associação Americana de Ferrovias, ampliação do Edifício de Pesquisa em Metais).

1946-51   Casa Farnsworth, Plano, Illinois, EUA.

1946-49   Apartamentos Promontory, Chicago, EUA.

1948-51   Apartamentos 860-880 Lake Shore Drive, Chicago, EUA.

1950-51   Projeto Casa 50 por 50 (pés).

1950-56   Crown Hall, Campus do IIT, Chicago, EUA.

1952-53   Projeto do Teatro Nacional, Mannheim, Alemanha.

1953-54   Projeto do Convention Hall, Chicago, EUA.

1953-56   Apartamentos 900 Esplanade, Chicago, EUA. Apartamentos Commonwealth Promenade, Chicago, EUA.

1954   Cullinan Hall, (ampliação do) Museum of Fine Arts, Houston, EUA.

1954-58   Edifício Seagram, Nova Iorque, EUA.

1957   Projeto dos Escritórios Bacardi, Santiago de Cuba, Cuba.

1957-62   Projeto do Consulado dos EUA, São Paulo, Brasil.

1957-61   Escritórios da Bacardi, Cidade do México, México.

1958   Apartamentos Pavilion e Casas Unifamiliares para o Lafayette Park, Detroit, EUA.

1959   Sala Mies van der Rohe, V Bienal de Arte, São Paulo, Brasil.

1959-64   Conjunto Federal Center (Tribunal de Justiça, Administração Federal e Correio Americano), Chicago, EUA.

1960-61   Projeto do Museu Schaefer, Schweinfurt, Alemanha.

1960-63   Edifício One Charles Center, Baltimore, EUA. Sociedade Federal de Crédito e Poupança, Des Moines, EUA. Apartamentos Lafayette Towers, Detroit, EUA. Apartamentos 2400 Lakeview, Chicago, EUA.

1962-65   Meredith Memorial Hall, Drake University, Des Moines, EUA. Centro Científico, Duquesne University, Pittsburgh, EUA. Edifício da Administração do Serviço Social, University of Chicago, Chicago, EUA.

1962-67   *Neue Nationalgalerie*, Berlim, Alemanha. Projeto da Praça Mansion House, Londres, Inglaterra.

1963-69   Conjunto Dominion Centre, Toronto, Canadá.

1964-68   Praça Westmount, Montreal, Canadá.

1965-74   Ala Brown, Museum of Fine Arts, Houston, EUA.

1966-69   Sede Regional da IBM, Chicago, EUA. Apartamentos Highrise, Nuns' Island, Montreal, Canadá.

1967-69   Edifício 111 East Wacker Drive, Chicago, EUA.

1969   (17/08) Morre Mies van der Rohe em Chicago.

BIBLIOGRAPHY

AA.VV.: Ludwig Mies van der Rohe Ausstellung anlässlich der Berliner Bauwochen 1968 veranstaltet von der Akademie der Kunst und dem Senator für Bau und Wohnungswesen; Berlín, Akademie der Kunst, 1968.

AA.VV.: Von Schinkel bis Mies van der Rohe; zeichnerische Entwurfe europäischer Baumeister. Raum und Formgestalter, 1789-1969; Berlin, Kunstbibliothek, 1974.

AA.VV.: Der vorbildliche Architekt: Mies van der Rohes Architekturunterricht 1930-1958 am Bauhaus und in Chicago; Berlin, Bauhaus Archive / Museum für Gestaltung / Mies van der Rohe Centennial Project, 1986-1987.

AA.VV. : El Pabellón Alemán de Barcelona de Mies van der Rohe, 1929-1986; Barcelona, Fundación Pública del Pabellón Alemán de Barcelona de Mies van der Rohe / Ajuntament de Barcelona, 1987.

BILL, Max: Ludwig Miës van der Rohe; Milan, Il Balcone, 1955.

BLAKE, Peter: Mies van der Rohe. Architecture and Structure; Baltimore, Pelican Books, 1960.

BLASER, Werner: Mies van der Rohe. Die Kunst der Struktur / El Arte de la Estructura / L'art de la structure; Zurich, Artemis Verlag y Verlag für Architektur / Hermes, 1965.

BLASER, Werner: Mies van der Rohe. Lehre und Schule (Principles and school); Stuttgart, Birkhäuser / Exploration 3, 1977.

BLASER, Werner: Mies van der Rohe, Möbel und Interieurs; Stuttgart, Deutsche Verlags-Anstait, 1980.

BLASER, Werner: Mies van der Rohe. Less is more; Zurich / New York, Jack Waser, 1986.

BLASER, Werner: West Meets East. Mies van der Rohe; Berlin, Birkhäuser, 1996.

BONTA, Janos: Mies van der Rohe; Budapest, Akademiai Kiado, 1978.

BONTA, Juan Pablo: Anatomía de la interpretación en arquitectura. Reseña semiótica de la crítica del Pabellón de Barcelona de Mies van der Rohe; Barcelona, Gustavo Gili, 1975.

CALZA, Gianni: Mies van der Rohe; La Galleria Nazionale di Berlino; Firenze, Alinea, 1988.

CARTER, Peter: Mies van der Rohe at Work; London, The Pall Mall Press, 1974.

COHEN, Jean-Louis: Mies van der Rohe; London, E & FN Spon, Architecture Collection, 1996.

DREXLER, Arthur: Ludwig Mies van der Rohe; New York, George Braziller, Master of World Architecture Series, 1960.

DREXLER, Arthur (Ed.), SCHULZE, Franz: The Mies van der Rohe Archive, Part I; New York / London, Garland Publishing, Inc., 1986.

DREXLER, Arthur (Ed.), SCHULZE, Franz: The Mies van der Rohe Archive, Part II; New York / London, Garland Publishing, Inc., 1986.

GLAESER, Ludwig: Ludwig Mies van der Rohe: drawing in the Modern Collection of the Museum of Modern Art; New York, Museum of Modern Art, 1969.

GLAESER, Ludwig: Ludwig Mies van der Rohe; furniture and furniture drawings from the Design Collection and the Mies van der Rohe Archive, in the Museum of Modern Art, New York; New York, MoMA Art Press, 1977.

HARRINGTON, Kevin Patrick (Ed.): Mies van der Rohe: Architect as Educator; Chicago, University of Chicago Press, 1986.

HILBERSEIMER, Ludwig: Mies van der Rohe; Chicago, Paul Theobald Publisher, 1956.

HOCHMAN, Elaine S.: Architects of fortune: Mies van der Rohe and the Third Reich; New York, Fromm International Pub. Corp., 1990.

JOHNSON, Philip: Mies van der Rohe; New York, The Museum of Modern Art, 1947.

LOHAN, Dirk: Ludwig Mies van der Rohe: Farnsworth House, Plano; Tokyo, Ada Edita, 1976.

MERTINS, Detlef (Ed.): The presence of Mies; New York, Princeton Architectural Press, 1994.

MIES VAN DER ROHE, Ludwig: Die neue Zeit ist eine Tatsche; Berlin, Archibook-Verlag Düffmann, 1986.

MIES VAN DER ROHE, Ludwig: Escritos, Diálogos y Discursos; Murcia, Colegio Oficial de Aparejadores y Arquitectos Técnicos, 1981.

NEUMEYER, Fritz: Mies van der Rohe: das kunstlose Wort. Gedanken zur Baukunst; Berlin, Wolf Jobst Siedler, 1986.

NORBERG-SCHULZ, Christian: Casa Tugendhat House; Roma, Officina Edizioni, 1984.

PAPI, Lorenzo: Ludwig Mies van der Rohe; Firenze, Sansoni Editore Nuova S.p.A, 1978.

PAWLEY, Martin y FUTAGAWA, Yukio: Mies van der Rohe; London, Thames & Hudson, 1970.

QUETGLAS, José: Der Gläserne Schrecken. Imágenes del Pabellón de Alemania; Montreal, Les Editions Section b, 1991.

RIDL, Dusan: The Villa of the Tugendhats, created by Ludwig Mies van der Rohe in Brno; Brno, The Heritage Publishing, 1997.

SCHINCK, Arnold: Mies van der Rohe: Beitrage zur asthetischen Entwicklung der Wohnarchitektur; Stuttgart, K. Kramer, 1990.

SCHULZE, Franz: Mies van der Rohe: A Critical Biography; Chicago, University of Chicago Press, 1985.

SCHULZE, Franz (Ed.): Mies van der Rohe. Critical Essays; New York / Cambridge-Mass, The Museum of Modern Art / The MIT Press, 1989.

SCHULZE, Franz: Mies van der Rohe; Chicago, Arts Club of Chicago, 1982.

SPAETH, David: Ludwig Mies van der Rohe: An Annotated Bibliography and Chronology; New York, Garland Publishing Inc., 1979.

SPAETH, David: Mies van der Rohe; London, The Architectural Press, 1985; New York, Rizzoli, 1985.

SPEYER, James: Mies van der Rohe; Chicago, Art Institute of Chicago - Graham Fundation, 1968.

TEGETHOFF, Wolf: Mies van der Rohe: die Villen und Landhausprojekte; Essen, R. Bacht, 1981.

VANDENBERG, Maritz: New National Gallery, Berlim. Ludwig Mies van der Rohe; London, Phaidon Press Ltda. Architecture in Detail, 1998.

VÁZQUEZ, Fernando: Mies van der Rohe, 1886-1969; Lisbon, Editorial Blau, Lda., 1999.

ZUKOWSKY, John: Mies reconsidered: His Career, Legacy, and Disciples: "The Unknown Mies van der Rohe and his Disciples of Modernism", in The Art Institute of Chicago, 1986.